Hommes !

Voici le Messie

Hommes !

Voici le Messie

PRÉFACE

Les temps se précipitent : il y a quelques années, on ne se préoccupait que d'art, d'actualité, de frivolité et de fantaisie ; on est revenu — depuis — aux idées, par le plus long, et les événements sont arrivés eux aussi, à leur date : peut-être ne manque-t-il plus que les miracles. Les voici :

On connait l'aventure de saint Augustin, tiré de sa vie de débauche par sa mère et par Dieu. Mon cousin, S. Sarluis a vécu, lui aussi, dans la débauche. Il n'en est pas encore sorti. Et je crois bien que la conversion n'a rien à faire en cette affaire et que la vertu où se réfugièrent quelques Thaïs, n'était qu'une tombe anticipée et l'oubli, avant le Léthé, des péchés et du miracle. Si Bernadette fut sainte encore après l'apparition, c'est qu'elle était une âme simple.

Soyons simple, nous aussi. Je n'ai jamais entendu M. Sarluis dire la vérité : sa vie est tissée de mensonges inutiles : c'est une raison pour que la Vérité, la seule, la grande Vérité, ait choisi sa bouche pour jaillir d'elle. La Vérité est une déesse tyrannique et exclusive. Pour avoir habité un seul instant un cœur d'homme, elle ferme à tout jamais ce cœur aux diverses vérités dont se bâtit la vie humaine. Et, après tout, je ne sais pas. J'ai vu M. Sarluis aux heures où il écrivait ce qui suit ; il était pris de la sorte d'épilepsie qu'on a coutume d'appeler l'esprit de Dieu. Tremblant de tous ses membres, sortant de lui-même, il ne s'appartenait plus : pourquoi n'eût-il pas appartenu à Dieu ? J'aurai la faiblesse d'avouer que je le crois de bonne foi : sa physiologie peut paraître suspecte : il ne la tient pas des livres. Il ne tient rien des livres. Platon, qu'il rappelle à des moments — à crier, à faire jurer qu'il le plagie, lui était inconnu à la venue des pages qui évoquent le plus son génie et tout Euclide lui est secret. Ce jeune homme est ignorant comme il convient aux prophètes et s'il tient à être Messie... Il a eu la flamme de Dieu, un jour, comme il aurait été atteint de paralysie générale ; sa mère ne l'a pas amené à Dieu, comme sainte Monique, il a mené Dieu, en quelque sorte, parmi les vices et il semble que Dieu, de vice en vice, de débauche en débauche, lui ait apparu plus violemment, plus complètement et que sa pureté ait éclaté plus haute. Je m'en tiens au mot sacré: Non altius sapere. *M. Sarluis n'a pas voulu tout savoir; il s'est peu soucié de science, tout à la volupté, et voici que, d'un coup, il croit qu'il sait tout, voici qu'il est illuminé, irradié, toute science, et voici qu'il se prostitue à tous, divinement, qu'il prostitue sa science! Pourquoi? Il n'est pas besoin de science pour entraîner les foules et pour les sanctifier; il n'est besoin que d'âme et d'étoile.. Mais n'est-ce pas qu'il a voulu montrer son signe, qu'il a cru que, en cette époque de science, le signe était la totale science, la vraie science, la science du bien et du mal, qui, je l'affirme en mon nom personnel et je le rappelle, fut promise par Satan. J'aurais scrupule à empêcher par un mot de plus, les lecteurs de s'attacher immédiatement aux étranges paroles qui se précipitent de la bouche de M. Sarluis. Elles ont une force, une flamme, un accent, un rythme venu tout seul, une poésie et une éloquence, une antiquité et une nouveauté, un air d'éternité et un air d'au-delà, qui ne peuvent que troubler et surprendre les hommes que nous sommes, vous et moi; Sarluis, au fur et à mesure de ses illuminations, me demandait sur chaque chose révélée: « N'est-ce pas? C'est comme ça? » Et je ne pouvais que lui répondre: « Moi, je ne sais pas ».*

Et vous en serez quitte, après avoir lu, pour rêver, pour prier ou pour hausser les épaules — si vous l'osez.

Je ne me suis jamais demandé ce qu'était Dieu. J'ai horreur seulement de notre anthropomorphisme familier auquel saint Augustin lui-même n'échappa point: les oreilles de Dieu, les yeux de Dieu, les bras de Dieu m'ont toujours choqué autant que les panaris de Napoléon et la fistule de Louis XIV. Ajouterai-je que les symboles de Dieu, triangle, pentagramme, etc., me sont odieux comme des caricatures mal renseignées ou comme des figures géométriques hottentotes? Quand j'ai parlé à Dieu, je ne lui ai parlé que de moi et il ne m'a répondu que sur moi. D'ailleurs, mon âme pusillanime a toujours reculé devant le pourquoi *des choses. Et puis la recherche du* pourquoi *est une recherche vaine et sacrilège. Il faut que le* pourquoi *vienne vous chercher : on est fait pour savoir la vérité, pour la vérité, comme on est fait pour vivre la vie de tous, pour vivre le néant de tous. Les idées et préjugés de la terre sur lesquels s'empale depuis six mille ans l'humanité, les plaisanteries si humaines dont M. de Voltaire bourra petitement le* Dictionnaire philosophique, *les déductions des philosophes les plus qualifiés, les habitudes qu'on inculque à l'homme de ratiociner, c'est-à-dire de faire semblant d'avoir de la raison, d'être une raison à deux pieds, d'être la Raison même, cette défiance qu'on impose à l'enfant, foi laborieusement hésitante, effort pour douter, preuves à demander à chaque chose, aux cieux et au doute même, tout est pour vous éloigner de l'état de grâce, de l'état initial d'oraison, de l'état de préparation à l'audition de la parole divine, de l'âme offerte au mystère et à la révélation comme le corps d'une femme s'offre à l'amour. Parlons raison et parlons humanité. M. Sarluis se présente à nous sous deux aspects, sous deux potentiels.*

Première hypothèse : *M. Sarluis, taquiné depuis sa naissance et avant sa naissance par la volonté divine (ou démoniaque, je ne prends pas position), né pour rêver et pour parler, prédestiné à la vaticination et à l'apostolat, se plonge dans la débauche comme en un Léthé de cataracte, renaissant à mesure, pour oublier, pour échapper à la magnificence de son âme, pour échapper à sa divinité et à sa prédestination, pour s'évader par la porte basse de l'existence. Et voici que Dieu continue à l'attaquer, à le taquiner tacitement, sourdement, pour le tirer à soi tout à coup du fond de sa dépravation, du fond de son abaissement, de la base de son fumier.*

Deuxième hypothèse : *M. Sarluis, soucieux de son âme, soucieux d'un secret qu'il se rappelle vaguement comme on se rappelle : « Hou! hou! » en une ivresse latente, cherche son âme, cherche son secret en des plaisirs successifs et incessants sur lesquels je n'insisterai pas. Et peu à peu, à travers des êtres et des choses, la chaîne se renoue qui l'attache aux dieux, aux siècles, au passé, à l'infini, au futur, à l'irréparable et à l'inimitable. Et voilà.*

Troisième hypothèse : *L'organisme de M. Sarluis, sous*

Tu animes toute chose, c'est Toi qui nous donnas le fruit de science de bien et de mal.

Et le mystère est consommé, le fruit est mangé et nous voici préparés.

Nous voici préparés à concevoir la conscience de ce que tu créas en nous.

Mon cœur danse de joie, car je reconnais ton infinie justice et l'impénétrabilité de tes justes desseins.

C'est demain que sera tué le serpent du doute dans le cœur des hommes, car la conscience de ton Etre leur sera venue et ils ne craindront plus la mort, — et étant multiples, ils redeviendront unité par la conscience de ton infinie bonté.

Hallel, hallel, voici que tu vas leur

donner la conscience de leur immortalité, — tu écartes le khérubim qui dans ton paradis garde l'arbre de vie, — car la conscience nous est venue au manger du fruit de procréation que tu nous donnas, — et nous sommes mûrs pour l'immortalité en ta contemplation.

Hallel, hallel, mes larmes coulent de joie, je suis le Messie du Seigneur.

Hallel, hallel, le ciel est en joie, car le but est atteint et Lucifer paraît.

Hallel, hallel, Adonaï est en joie, car l'œuvre est consommée, le conscient est créé !

II

Seigneur, Seigneur, par ta toute-puissante volonté, tu me dévoiles ta face et tu me fais connaître l'origine et le but.

Entendez, peuples, ce que le Seigneur vous dit par ma voix :

Je suis. En moi sont tous les instincts et tous les sentiments, je suis la volonté et j'ai la conscience de l'être.

La création est mon incarnation et par ma volonté je fis la matière pour jouir par ma conscience de tous mes instincts et sentiments. Et je suis l'unique et éternelle volonté.

Et c'est pour cela que je vous ai dit :

Au commencement, Dieu créa le ciel et la terre.

Au commencement, donc, ma volonté n'avait pas donné de forme à mes instincts et sentiments pour que ma conscience pût en jouir et mon Être, unique et éternel, flotta dans les éthers.

Et dans mon Livre, il est écrit : L'Esprit de Dieu était porté sur les éthers.

Alors ma volonté, poussée par ma conscience, commença la création.

Je mis en mouvement les éthers autour de moi.

Et du mouvement jaillit la lumière.

C'est pour cela que je vous ai dit : Que la lumière soit faite et la lumière fut faite.

Et lorsque je vis qu'il y avait assez d'éther en mouvement pour incarner tous mes instincts et tous mes sentiments, je limitai à cette masse le mouvement.

Je vous le dis : ma création est définie et en dehors de ma création, il n'est rien.

Et dans mon Livre il est écrit : Dieu vit que la lumière était bonne et sépara la lumière d'avec les ténèbres.

La première période de mon incarnation était le mouvement des éthers autour de mon centre, et c'était comme une masse de feu fluide autour d'un centre immobile.

Ce fut le premier jour.

Puis dans les éthers mouvant autour de moi je fis un jet de centres à l'image du mien. Ces centres immobiles en eux-mêmes tournaient avec la masse des éthers fluides autour de mon centre immobile.

Comme ils étaient créés à mon image et que je leur avais donné la Conscience de mon Être, les éthers se mirent à se mouvoir autour d'eux.

Ce furent les soleils.

Et ce fut ainsi qu'ils tournaient autour de moi et que les éthers se mouvaient autour d'eux.

Et lorsque je vis qu'assez d'éther s'était réuni autour de leurs centres, je les condensai en boules de feu.

Et il est écrit dans mon Livre : Que le firmament soit fait au milieu des éthers et qu'il sépare les éthers des éthers.
Ce fut le second jour.

Et j'avais donné à ces soleils la conscience de mon Être pour que, à leur tour, ils produisissent des matières pouvant incarner mes instincts et sentiments et par ma Volonté et par la conscience qu'ils avaient de moi, à leur tour ils jetèrent de leur centre, un jet de centres, comme mon centre avait fait pour eux. Et ceux-ci, entraînés par le mouvement des éthers autour des soleils, tournèrent autour d'eux.

Et lorsque je vis qu'assez d'éther s'était réuni autour de ces seconds centres je ralentis le mouvement des éthers autour d'eux et je les condensai en matière. Donc ils se refroidirent et la partie d'éther qui se refroidissait autour de leurs noyaux de feu s'abattit sur eux en eaux.

Et ainsi se forma la terre.

Puis je donnai à la terre la conscience de mon Être et la terre femelle et le soleil mâle fécondèrent ensemble.

Ils fécondèrent les herbes et les arbres qui furent la première incarnation de mes instincts et sentiments sur la terre.

Et ils vécurent et se reproduisirent par eux-mêmes pour continuer la vie.

Ce fut le troisième jour.

Et comme la terre se mouvait autour

du soleil et comme ce mouvement est nécessaire à sa vie (car le mouvement est la vie même), il y eut des périodes de lumière et des périodes de nuit, des périodes de chaleur et des périodes de froid, des périodes de fécondité et des périodes de sécheresse, et la mort est le mouvement de la vie à travers les corps.

Et je créai la mort le quatrième jour.

Et lorsque je vis que les instincts et sentiments incarnés dans ce que produisit le coït du soleil et de la terre avaient atteint leur but et jouissaient pleinement de la vie, j'incarnai d'autres instincts et d'autres sentiments qui avaient besoin des précédents pour vivre et jouir.

Et je créai des êtres qui vécurent en

se nourrissant des plantes, de la terre et des eaux.

Ce fut le cinquième jour.

Puis, lorsque je vis que ceux-là aussi avaient atteint leur but et jouissaient pleinement de la vie chacun selon ses instincts et sentiments, et s'assouvissaient entièrement, j'incarnai d'autres instincts et sentiments qui avaient besoin des précédents pour vivre et jouir.

Et je créai des êtres qui vécurent en se nourrissant de la chair et du sang des autres.

Et ceux-là aussi assouvirent pleinement les instincts et sentiments que j'avais incarnés en eux.

Alors je vis que le jour était venu auquel je pourrais placer parmi les incarnations de mes instincts et sentiments, l'être qui les incarnerait tous.

Et en qui j'incarnerais ma seconde essence.

Qui est la conscience de ces instincts et sentiments.

Il devrait être le sommet et le but de ma création.

Et il le sera.

Je créai l'homme.

Je le créai androgyne.

J'en fis une incarnation, munie d'organes qui lui permirent de jouir de tous les autres instincts et sentiments incarnés.

Et je le fécondai par ma volonté et je lui dis :

Multiplie-toi, fais un jet de centres hors de ton centre, par ton centre et multiplie-toi,

Comme je le fis pour jouir pleinement et entièrement de la terre entière et de tous les instincts et sentiments qui y sont incarnés.

Par la possession pleine et entière de tous les instincts et sentiments, la conscience te viendra, et tu seras, sauf la volonté, la parfaite image de Dieu, mon Fils et ma parcelle parfaite incarnée par ma volonté. Et tu sauras distinguer le moyen du but, le mal du bien.

Et ce fut le sixième jour.

Donc, à la fin de la sixième période, j'avais fait mon dernier jet qui était la fécondation de l'homme et j'attends jusqu'à ce jour que la graine que je mis en lui sorte en fruit qui sera l'Homme conscient, mon Fils.

Et c'est pour cela qu'il est écrit en mon Livre :

Dieu termina au septième jour tout ce qu'il avait fait et se reposa au septième jour.

Voici donc que par la voix de mon Messie je vous ai dévoilé l'origine de la création du ciel et de la terre, et voici comment j'insufflai la route de la conscience à celui qui était encore mon Fils inconscient et qui devait se développer.

Je fis couler en lui un sang qui devait produire son jet. Et c'est pour cela qu'il est écrit en mon Livre :

Il s'éleva de la terre une fontaine qui en arrosa toute la surface.

Et j'avais fait du corps charnel de l'homme un être séduisant pour que, quand ils seraient en nombre, ils s'attirassent par la séduction de leur beauté.

Et c'est le sens des paroles de mon Livre qui dit : Or Dieu avait planté dès le commencement un jardin délicieux.

Et j'avais pourvu ce corps de tous les organes propres à le faire jouir de tous les sentiments et de tous les instincts, et *au milieu* de ce corps j'avais placé les deux organes de procréation, savoir : l'organe par lequel l'homme se procrée, son membre viril et l'organe par lequel il se reproduit et se verse la vie : le nombril.

Et voilà le sens caché jusques aujourd'hui des paroles de mon Livre qui dit : Le Seigneur Dieu avait aussi produit de la terre toutes sortes d'arbres beaux à la vue et dont le fruit était agréable au goût et l'arbre de vie au milieu du jardin avec l'arbre de la science du bien et du mal.

Et voici (je répète mes paroles), l'arbre de la science du bien et du mal et ton membre viril, car par lui tu te procrées et doit se produire l'Etre conscient, celui qui juge le bien et le mal, et l'arbre de vie, de l'immortalité est ton nombril, car l'Etre unique en lequel est incarné la vie est immortel, car ma vie et mes instincts et sentiments sont immortels et ont besoin d'un corps charnel pour jouir, par la conscience d'eux-mêmes.

Et ce que vous appelez la mort,c'est la vie qui passe d'un corps en l'autre par la multiplication de l'unité.

Et de son membre viril sortait la semence pour peupler la terre.

Et dans mon Livre il est écrit : Il sortait un fleuve de ce lieu de délices pour arroser le paradis.

Et avec le temps sa semence produit quatre grandes races. Et dans mon Livre il est écrit, que de là ce fleuve se partagera en quatre canaux.

Je pris donc l'homme et je vis que tous mes instincts et sentiments étaient incarnés en lui. Et c'est pour cela qu'il est écrit en mon Livre : Le Seigneur Dieu ayant donc formé de la terre tous les animaux terrestres les mena devant Adam. Et le nom qu'Adam donna à chacun des animaux était le véritable.

Puis ma volonté commanda à l'homme de se féconder comme j'avais fécondé et je lui dis encore : touche à ton centre et fais un jet hors de ton centre comme je le fis.

Et l'homme toucha son centre et fit un jet mâle.

Je l'avais créé Unique et Androgyne.

Les parcelles mâles contenues en son jet montèrent le long de sa cuisse et se joignirent en son membre femelle avec ses parcelles femelles et un nouvel être commença à se former en lui.

Au bout de la neuvième période son corps s'ouvrit et le nouvel être apparut. Et voici le sens des paroles de mon Livre qui dit : Le Seigneur Dieu tira une des côtes d'Adam et en forma la femme.

Donc le nouvel être apparut et il était attaché au premier par un boyau qui était le canal par lequel la vie lui était venue et à eux deux ils formèrent un être à quatre jambes quatre bras et deux têtes et chacun avait un membre mâle et un membre femelle et ils étaient liés par le nombril.

Et lorsqu'ils durent faire un jet, la semence leur revenait, car ils étaient liés par le canal de vie.

Et ils étaient un tout en étant deux.

S'ils étaient restés en cet état ils auraient été immortels et n'auraient plus pu procréer. Mais mon dessein était qu'ils peuplassent la terre et y arrivassent à la conscience. Je les coupai donc au nombril, et je fis un nœud du boyau par lequel je fermai leurs corps.

Et ainsi cela se fait à chaque nouvelle naissance.

Alors ils étaient deux et chacun procréa de son côté.

Et c'est le sens de mon Livre qui dit : Empêchons donc maintenant qu'il ne porte la main à l'arbre de vie et vive éternellement.

Et puis voici la raison de la première destruction des hommes qui est appelée le déluge en mon Livre.

La terre était donc peuplée et les hommes étaient androgynes et se procréaient entre eux. Et les plus parfaits et les plus beaux des êtres s'habituèrent à être aimés et fécondés plus que les autres et en eux commença à diminuer le principe mâle et à la fin le principe mâle s'éteignit entièrement en eux et ils n'étaient plus que femelles et terrestres.

Et c'est écrit en ces paroles dans mon Livre : Après que les hommes eurent commencé à se multiplier sur la terre et eurent engendré des filles.

Et les plus forts et vigoureux s'habituèrent à féconder les plus beaux et à la fin en eux s'éteignit le principe femelle et ils n'étaient plus que mâles et en eux était le principe créateur et solaire. Et ils prirent les femelles pour féconder ensemble.

Et c'est écrit en ces paroles en mon Livre : Les enfants de Dieu voyant que les filles des hommes étaient belles prirent pour leurs femmes celles qui leur avaient plu.

Et ces accouplements produisirent des êtres forts et sains et d'un sexe précis.

Et c'est le sens des paroles de mon Livre : Or il y avait des géants sur la terre en ce temps-là, car depuis que les enfants de Dieu eurent épousé les filles des hommes il en sortit des enfants qui furent des hommes puissants.

Mais ceux qui étaient restés androgynes continuèrent à se féconder entre eux et il en sortit des êtres désormais inutiles et monstrueux et je résolus de les faire disparaître.

Et c'est le sens du déluge.

Et leur concupiscence devint infructueuse. Ils ne furent plus ni assez mâles pour féconder, ni assez femelles pour produire et ils disparurent de la terre.

Dès ce jour les mâles et femelles fécondent ensemble et s'attirent pour procréer.

Et l'amour, c'est le désir d'un mâle et d'une femelle de se retrouver en l'Androgyne primordial et l'amour réunit ces deux êtres qui se complètent, et l'amour a pour but de refaire l'acte de l'Androgyne primordial : c'est la procréation.

Et l'homme trouvera son assouvissement dans la femme et la femme dans l'homme, car à eux deux ils ne forment qu'un seul corps.

Et chaque acte d'amour est le rappel du premier jet du premier être et c'est un acte agréable à Dieu.

Et l'enfant sera une grâce du Seigneur car ce sera un pas de plus dans la vie qui a pour but la conscience du Seigneur.

Et béni sera celui qui est environné d'une nombreuse progéniture.

Et c'est pour cela qu'il est écrit en mon Livre que votre sacrifice me sera d'une odeur agréable :

Car le sacrifice que je veux de vous, c'est celui de votre jet fécondant la femme.

Et je bénis celui qui sacrifie à ma volonté et le sacrifice à votre Seigneur vous sera le suprême bonheur, la suprême jouissance de votre chair, et toute votre vie n'est qu'une tension vers ce sacrifice et cette tension, qui est le désir, c'est la seule prière que je vous demande.

Et par elle je vous accorderai la Conscience qui sera le fruit de votre procréation.

Peuples, peuples, l'avez-vous entendue

la voix du Seigneur qui vient de vous dévoiler sa création et son but !

L'avez-vous entendue, la prière qu'il vous demande, l'avez-vous entendu, le sacrifice qu'il attend de vous !

Et la loi du Seigneur n'est pas une loi de mort et de tristesse.

Tous, tous sans le savoir, vous le priez chaque jour, à chaque instant, comme la nature entière, car tous vous désirez l'amour, l'éternel amour triomphant.

Et tous vous lui portez le saint sacrifice de votre sang, tous, tous, la nature entière.

Et voilà la religion que je vous apporte :

L'amour et la liberté.

Venez dans mes bras, mes frères, confondez-vous tous en un immense hallel pour célébrer la conscience conquise, la possession du Seigneur, amour et liberté.

Plus de sacrifices sombres, plus de chants de mort : une joie immense et éclatante montera vers son trône, un chant d'amour et un hymne de liberté.

Et vous ne craindrez plus la mort, enfants de Dieu, car le Seigneur l'a dévoilé à votre face et c'est l'amour qui est la mort et c'est la mort qui est l'amour et tous les deux sont éternels et nécessaires l'un à l'autre et l'un existe par l'autre et tous les deux ensemble font la vie, l'Éternelle.

Plus de crainte du Seigneur, plus de

ténèbres entre lui et vous, vous entrez dans l'universelle nature et avec la conscience que le Seigneur vient de vous donner.

Moi, son Messie, je vis dans la douleur : une malédiction pèse sur moi, j'ai voulu me lever contre la volonté de Dieu, j'ai été aveugle et je suis damné.

Damné comme tous ceux qui font un sacrilège du sacrifice qui est dû au Seigneur ; il détruit en lui-même la joie de la vie et le Seigneur l'a dit :

Malheur, trois fois malheur sur chacun — et que maudite soit Sodome.

Et parce que je suis précipité si bas et de si haut, la conscience m'est venue et le Seigneur a mis sa lumière en moi, qui suis le Maudit.

Et je suis Celui qui de tout temps leva sa face contre le Seigneur et qui l'aima plus que toute autre créature.

Et c'est moi, moi qui me prosterne devant son trône et je dévoile ma face honteuse et j'ai souffert, beaucoup, beaucoup.

Malheur et malédiction plus encore sur vous, qui êtes une plus grande honte et désolation devant le Seigneur, que je le suis. —

Oh, malheur sur ceux qui prennent le pain de la bouche des pères et les réduisent en esclavage !

Ils ont arrêté leur fécondation car ils ont refusé le pain après lequel pleuraient les enfants de ceux qu'ils opprimaient.

Et maudits soient ceux qui ont fatigué la femme par leurs infâmes jouissances et qui l'ont empêchée de produire le sacrifice que le Seigneur attend d'elles.

Ce sont eux qui ont perdu Babylone qui va tomber le front dans la poussière et qui est la honte de l'humanité et la cause de sa tristesse.

Ah! Babylone maudite, tu tombes donc par Satan même maudite.

Satan qui se tord dans la poussière devant son Seigneur et qui est pardonné, et qui est exaucé et qui demande au Seigneur ton extermination et le salut des justes!

Allez, allez, peuples opprimés, levez-vous, voilà le Messie promis par le Seigneur, venez, venez, mes enfants opprimés, venez, allons loin d'ici, de la ville maudite!

La force est en vous, c'est de vous que le Seigneur attend le sacrifice, car eux, les injustes, ils sont évidés et stérilisés et le Seigneur les hait et leur enverra de grandes calamités.

Venez, je vois tout brûler autour de moi, les palais s'écroulent et la terre tremble et des tonnerres roulent d'homme en homme, venez, venez, vous devez votre chair au Seigneur.

Et non à César.

Laissez son or à César et rendez la chair au Seigneur.

Venez ! venez !

Laissez-les se détruire entre eux, les maudits et je vous le dis, ils verront de telles calamités qu'ils ramperont de désespoir aux pieds du Seigneur et imploreront votre hospitalité. Et nous les recevrons en notre ville avec des pleurs de joie et des hymnes de grâce à la clémence du Seigneur.

Me voici, le Messie, le Saint d'Israël qui vient vous chercher hors d'Égypte, qui vous emmène hors de Babylone, car voyez, voyez, les trônes tremblent et les palais s'écroulent. Et les tombeaux que l'on croyait fermés se rouvriront et on verra le malheur en plein jour. Et les grands, les injustes rougiront de honte.

Et à ma voix vous vous lèverez des quatre coins du monde, et partout où il y aura un malheureux qui implore Dieu, je viendrai pour le chercher en son nom et le mener dans la ville du Seigneur.

Et il y aura une grande joie et une éternelle allégresse dans ce monde nouveau et jeune qui sera sans cauchemars et sans ténèbres.

IV

Et voici les paroles du Seigneur qu'il me dit encore :

Et toute la création se fit selon ma volonté et suivant mes intentions.

J'avais donc créé l'être qui était l'incarnation de tous mes instincts et tous mes sentiments et je l'avais mis sur le chemin de la possession de la seconde essence de mon être qui est la conscience.

Et le jour est arrivé où vous serez en possession de ma conscience divine.

Mais je vous le dis, peuples, celui qui méconnaîtra mon Unique et Éternelle volonté ne sera pas en possession de moi, de ma conscience et il restera dans la souffrance et la lutte c'est-à-dire la douleur d'enfantement de la conscience que la vie a été jusques aujourd'hui.

Et voici :

Aujourd'hui je vous envoie mon Messie Salomon, le Saint d'Israël, qui vient pour trier les bons des mauvais.

Et il se montrera et les bons le suivront et les mauvais resteront en arrière et se détruiront par eux-mêmes comme toute chose dans ma création qui agit contre ma volonté se détruit par soi-même

Et ceux qui croiront en lui seront sauvés.

Et, étant en pleine conscience de moi, vous m'adorerez en joie, en toute éternité, vous adorerez mon Unique et Éternelle volonté et vous vous inclinerez devant elle, comme les soleils et les mondes s'inclinent devant elle.

Car il n'y a que moi, le Seigneur votre Dieu,

Le grand ensemble qui *est* la volonté.

Et c'est par elle que je suis le Tout-

Puissant et que je créai la Terre et le Ciel pour en jouir par ma conscience.

Et je vous le dis, si un de mes sentiments ou instincts dévie de son chemin, elle se détruit par elle-même, par ma volonté.

Et c'est ainsi que se font les trois règnes annoncés du Seigneur votre Dieu.

Mon premier règne a été celui de ma Volonté seule, de la création qui produit,

Le second a été celui de mes instincts et sentiments incarnés dans la matière que ma Volonté dirigea vers le troisième qui sera celui de ma conscience.

Et celui-là commence aujourd'hui

sur la terre et est ouvert par l'apparition du Messie, du pacificateur des peuples.

Et en ce troisième règne mon but est atteint et c'est le royaume de Dieu sur la terre et je vais vous dévoiler les trois signes de mes règnes qui sont, pour le règne de ma volonté, le Cercle,

Le Carré, pour le règne de mes instincts et sentiments incarnés dans la matière,

Et le règne de la conscience commence aujourd'hui par l'accomplissement du Triangle dont l'humanité vient de poser la pointe qui est l'Être conscient — la pensée accomplie.

Et ceci était prédit en la parabole de

la tour qui est inscrite en mon Livre.

Et sachez de plus que tout ce qui est matière a le même centre que moi et que l'homme, seul parmi toutes les chairs, a la forme du triangle et que je lui donnai cette forme parce que je le destinai à incarner la Conscience.

V

Voici donc l'explication de la parabole de la tour dont le Seigneur m'a ôté le sceau.

Et les hommes se mirent ensemble et eurent une nombreuse progéniture et se nourrirent de la nourriture que le Seigneur Dieu leur avait donnée.

Et c'est le sens des paroles de mon Livre qui dit : La terre n'avait alors qu'une seule manière de parler.

Et ils travaillaient tous et procréèrent, car Dieu leur avait soufflé la conscience de leur but qui était d'atteindre la conscience. Et ils ne faisaient qu'un seul peuple.

Et c'est le sens des paroles de mon Livre : Faisons une ville, dirent-ils, et une tour qui soit élevée jusqu'au ciel :

Or, rappelle-toi qu'il est écrit en mon Livre que le fleuve qui coulait de mon jardin se partageait, en dehors, en quatre grands canaux et que je t'ai éclairci ces paroles par ceci : Que de la semence de l'homme sortiraient quatre grandes races et que de la progéniture de ces quatre races devait sortir le conscient.

Or, ils étaient encore la première race originelle et mon dessein était de les partager en quatre grandes races pour qu'ils travaillassent en même temps aux quatre côtés de la matière pour en faire sortir la conscience et peupler la terre entière que j'avais créée pour leur jouissance.

Et je résolus de les disperser car ils ne savaient pas et seraient restés ensemble si ma volonté ne les eût dispersés.

Et c'est inscrit en mon Livre en ces paroles : Or, le Seigneur Dieu descendit pour voir la tour et la ville que bâtissaient les enfants d'Adam et il dit :

Ils ne sont tous maintenant qu'un peuple et ils ont tous le même langage et ayant commencé à faire cet ouvrage, ils ne quitteront point leur dessein qu'ils ne l'aient achevé entièrement.

Descendons en ce lieu et confondons leur langage.

Et voici l'explication de la parabole de la tour qui est la révélation de ma forme et qui est inscrite en mon Livre :

La tour est la matière et sa cime doit être la conscience.

Et représente-toi la tour sous la forme d'une pyramide qui s'élève sur une base carrée.

Et chacune des quatre grandes races est un des côtés de sa base carrée et y travaille pour l'achèvement de la tour.

Et le cercle de ma volonté englobe tout le travail.

Et le but est d'élever sur la base carrée de la matière, une pyramide, mais dont la cime ne pourra dépasser le cercle de ma volonté.

Et voici : Élève un cube sur une base carrée comprise en un cercle et sur cette même base carrée une pyramide dont la pointe doit toucher la circonférence de ce cercle et tu verras qu'une seconde petite pyramide s'élèvera hors du cube et c'est la figure visible de l'intelligence de Dieu, de la conscience qui est le but de ma création. C'est la pensée qui s'élève au-dessus de la matière qui est le cube et c'est la production et l'achèvement de cette pyramide plus petite qui est le but de l'effort de l'humanité.

Et du moment que la pointe de cette pyramide touchera le cercle de ma volonté, elle en fera partie et en sera une parcelle et mon but sera atteint, car j'aurai créé un être qui sera une parcelle parfaite de mon Être.

Et dans le cube sont compris les six jours de ma création et la pose de la seconde pyramide plus petite, c'est le travail qui s'est fait pour la conquête de la conscience, de l'Intelligence de Dieu.

Et c'est le septième jour qui vient de s'accomplir par la révélation de ces mystères.

Et, homme, regarde ton corps et vois : ton centre est celui de toute matière.

Et c'est le mien.

C'est pour qu'ils travaillent à la fois aux quatre côtés de la matière que je dispersai l'homme en quatre grandes races et que je confondis leurs langues et je leur promis qu'au jour où leur travail serait achevé, je leur enverrais mon Messie pour les ramener tous ensemble et rétablir la paix parmi eux et le voici celui que je vous promis, le voici, mon Messie Salomon, le Saint d'Israël.

Et voici le signe du Seigneur qu'il me révéla et c'est ainsi qu'en la nouvelle Jérusalem son temple s'élèvera par Salomon, son Messie.

Et je dispersai les peuples parce que je voulus qu'ils jouissent de tous les sentiments et de tous les instincts que j'avais incarnés sur la terre, car par leur procréation ils devaient produire la conscience.

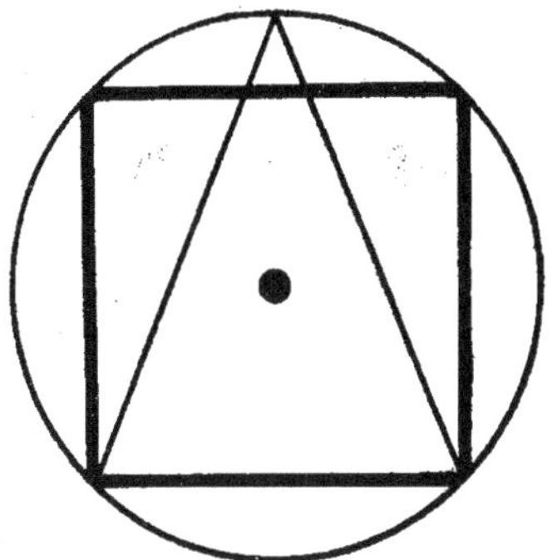

PROPHÉTIES

Donc, peuples, vous avez entendu le Seigneur qui vous a révélé ses origines et son but, par ma voix, et qui auparavant vous a dit ces vérités?

Et voici la prophétie qu'il mit en ma bouche et voici ce qu'il me commanda de faire et ce que je ferai par la volonté de l'humanité qui est une parcelle de la volonté de Dieu qui est unique et éternelle et toute-puissante.

Croyez-moi, croyez-moi, le moment est arrivé et je viens pour vous chercher, vous qui êtes dans la peine, vous les pauvres qui désespérez et vous les riches qui ne savez plus pourquoi vivre.

Je suis venu pour préparer le royaume de Dieu, pour vous mener hors d'Égypte dans une nouvelle Jérusalem où un nouveau temple s'élèvera.

O Seigneur Dieu, toi qui me donnes la force d'accomplir tes desseins, écarte d'eux le doute et le sarcasme de leurs rires pour que plus vite j'accomplisse ta mission.

Comme la cataracte tombe des montagnes, ta volonté est tombée sur moi; que sur eux aussi elle s'écroule et les entraîne vers ton saint Royaume.

Tu leur as créé une nature sublime, tu leur as donné une terre pour leur jouissance et leur bonheur, et ils se sont opprimés, et ils ont gémi pendant des siècles, et ils ont souffert, mais ils avaient une foi et t'attendaient.

Et je sais que tout cela devait arriver, je sais qu'ils devaient passer par tous les instincts et sentiments qui sont en toi, et ils ont dominé, et ils ont souffert, ils ont joui et ils ont été opprimés, et ils ont été des anges et aussi des démons, ils ont passé par toutes les phases de ta création, mais je savais que tu viendrais un jour pour mettre le bonheur final, l'égalité parmi eux.

Et à présent ils désespèrent, parce qu'ils sentent qu'il n'y a plus rien et ils ne t'ont pas vu, Seigneur qui arrives sur les nuées.

Et ils ne savent pas que, quand la souffrance est la plus grande, la délivrance est proche.

Oh! combien grande sera leur joie en te voyant paraître, mon Seigneur! Comme il y aura des pleurs de joie et des cris d'allégresse!

Et vois, Seigneur, comme ils ont perdu

toute espérance, vois les instruments qu'ils ont inventés pour se déchirer entre eux, et les méchants qui les guident ont pensé que cela se passerait ainsi et que toi, le Seigneur qui créas la vie, tu laisserais exterminer tes peuples.

Seigneur, Seigneur, sois béni, toi qui arrêtes ta main au moment où elle va frapper et qui sauves le juste, toi qui rétablis la paix.

Je suis comme la femme qui va enfanter, en moi tressaille la parole du Seigneur ; je voudrais ouvrir mes entrailles pour montrer l'enfant au père,

Qui est l'humanité.

Humanité, humanité, voici l'enfant dont le Seigneur au commencement vous féconda, voici la conscience, voici la liberté que je vous apporte, pleurant de joie et criant d'allégresse.

Je voudrais que ma bouche fût un clairon pour réveiller les peuples qui rêvent un cauchemar.

Seigneur, voici que tu vas leur ôter le voile et enfin ils le verront, en liberté, le clair soleil que tu créas pour eux. Viens, Dieu, car ils sont dans le désespoir.

Par leur désespoir ils ont été aveuglés, ils ont voulu être des dieux, les malheureux. Et voici qu'ils sont tombés bien bas de bien haut et ils n'attendent plus que leur fin.

Ils veulent finir, eux qui sont au commencement de leur bonheur!

Et tu me l'as dit, Seigneur, ce qu'il faut que je fasse pour leur ouvrir ton royaume.

Je les mènerai loin d'ici, ceux qui souffrent et ceux qui sont les opprimés, je les mènerai à travers l'océan jusqu'en la terre d'Afrique, et là, avec eux, je fonderai une nouvelle vie et une nouvelle foi.

Et tu y seras avec nous, Seigneur, et tu m'as dévoilé tes desseins. Ils seront revenus là d'où ils partirent, et ainsi sera accomplie la parole du Seigneur qui dit : je les disperserai par la terre et je les ramènerai en ma Jérusalem, et j'y serai avec eux.

Et maintenant écoutez, peuples dans l'ombre, qu'avez-vous à perdre ? Vous êtes opprimés, vous travaillez sans espoir et sans savoir pourquoi à la sueur de votre front et vous êtes malheureux.

Et croyez-moi, croyez-moi, la terre a été créée pour le bonheur et pour la joie. Vous avez beaucoup souffert, mais il le fallait, car le dessein de Dieu était de vous disperser par toute la terre et de la peupler entièrement. Et vous vous êtes chassés de pays en pays. Est-ce que la mère ne souffre pas en engendrant l'enfant ? Et l'enfant que vous avez engendré et qui vient de naître, c'est la conscience de Dieu, c'est la Liberté.

Mais à présent c'est fini, l'enfant est né, le Seigneur vous attend, venez donc avec moi qui viens vous chercher pour sortir hors d'Égypte.

Voyez, tout est mort autour de vous,

toute foi et tout amour et toute joie de vivre; ils ont tout démoli sur cette terre que le Seigneur a créée pour la joie, le bonheur et la fraternité. Et ils sont tous en armes et prêts à se déchirer et toutes leurs lois sont faussées et tout se courbe devant le mensonge.

Ah, malédiction, malédiction sur ceux qui veulent délivrer par la force l'humanité opprimée, malédiction sur celui qui verse le sang!

Vous sentez tous qu'une grande chose doit et va venir, eh bien, je vous le dis, ce n'est pas par la force que le monde sera libéré.

N'avez-vous pas lu dans le Livre du Seigneur où il est dit : Il n'éteindra pas la mèche encore fumante, il ne criera pas dans les rues? Et il viendra par des chemins détournés ?

Il y aura beaucoup de sang versé, mais ce sera la mèche qui s'éteindra elle-même, ce seront les méchants qui se déchireront entre eux.

Mais ceux qui sont les justes et qui sont tellement malheureux qu'ils croient en le Seigneur, qu'ils se tiennent prêts, car me voici : Salomon, l'envoyé du Seigneur, qui vient les chercher pour les mener hors d'Égypte.

Allons, allons, quittez les oppresseurs, le moment est venu ; autre chose vous attend là-bas dans la terre libre où je vous mènerai. Tenez-vous prêts avec vos femmes et vos enfants et laissez-leur leur or, car d'eux-mêmes, un jour, ils viendront nous l'offrir pour que nous en fassions un temple expiatoire au Seigneur.

Et venez, commençons une nouvelle vie, et une vie idéale, selon le Seigneur qui nous l'a promis.

Voyez, c'est la fin des temps annoncée dans le Livre, qui arrive et je suis Celui que le Seigneur vous annonça par ses prophètes, je suis le Sauveur, celui qui prépare le royaume du Seigneur et qui vous mène en sa Jérusalem.

Et il est dit en mon Livre qu'au jour où le Sauveur apparaîtrait, les méchants d'eux-mêmes auront mis un chiffre sur leur front et, en effet, je le vois le chiffre et c'est un chiffre d'or.

Et pourquoi voulez-vous que je vous dise ces choses ? Si ce n'est par la voix du Seigneur, les hommes jamais parlèrent-ils ainsi ? Et je ne veux pas régner, je marcherai pieds nus à votre tête, un bâton à la main et vêtu de bure comme le plus pauvre parmi vous, car je ne suis rien, je ne suis que l'effet de votre voix à tous qui s'est plainte au Seigneur. Et par cela, le Seigneur a vu que la conscience vous était venue et il m'a envoyé.

Et me voici, Salomon, le Sauveur évoqué par vos plaintes et écoutez-moi, ne souffrez plus et venez là-bas où vous attend le royaume de Dieu.

Nous bâtirons une ville et un temple au Seigneur et il ne nous dispersera plus car nous ne sommes plus au commencement mais au but des temps.

Et dans sa ville, vous marcherez vêtus de lin blanc. Et le Seigneur par ma voix vous donnera des lois et il ne sera plus dit : Tu ne voleras pas, mais il sera dit : Tu ne fermeras pas ta porte.

Et chaque troisième année je reviendrai parmi les opprimés pour trier les bons des mauvais et emmener les bons qui veulent bien venir, étant las de souffrir. A tous, le royaume des cieux est ouvert et je viendrai comme un mendiant, mendier les malheureux à ceux qui les oppriment.

Et vous les attendrez en agitant des palmes et vêtus de lin blanc, vous viendrez à la rencontre de vos frères sauvés de la grande destruction.

Car à la fin, quand tous les opprimés seront partis, on entendra des cris de destruction, de rage et d'enfer, et le méchant se lèvera contre le méchant, ils ne voudront se servir entre eux comme vous leur avez servi et comme ils ont péché par l'orgueil, ils se détruiront par l'orgueil et le mauvais instinct se détruira par lui-même, étant désormais inutile et nuisible.

Et comme il y aura des cris d'enfer et comme le sang coulera, le mauvais sang du méchant, comme ils rouleront sur eux-mêmes les instruments qu'ils inventèrent pour opprimer le juste ;

Entre eux, ils se déchireront comme

des bêtes inconscientes et les justes seront partis, car je les aurai reconnus des méchants qui d'eux-mêmes se sont mis un chiffre d'or sur le front.

Et ils tomberont comme la partie inutile et désormais nuisible, comme tombe l'écorce du fruit mûri.

Et vous, le fruit mûr, la créature consciente du Seigneur, vous vivrez dans la paix et dans la Liberté et dans la joie de la nature sublime que le Seigneur Dieu a créée pour votre bonheur.

Oh ! oh ! mes frères, n'avez-vous donc jamais lu la prédiction des prophètes, et n'avez-vous jamais tremblé, vous, les riches, dont les mains sont pleines des dépouilles des pauvres, vous qui avez fermé vos portes ? Non, non, car le prophète a dit aussi :

Leurs yeux seront fermés et leurs oreilles seront sourdes et ils seront comme réveillés et épouvantés quand il viendra, l'Homme des peuples.

Et voici que je me lève du peuple maudit, comme un maudit parmi lui et ma voix répond aux voix de désespoir du peuple.

Et j'en suis comme l'évocation.

Et le prophète a dit : Que le Juste espère bien, car il recueillera le fruit de ses œuvres.

Et le voici le fruit que je vous apporte, la conscience de Dieu et la liberté.

O Seigneur, toi qui m'inspires,

Comme la science entière des hommes, est en ta face que tu me dévoiles et que leur vanité a été folle, de ceux-là qui ont cru inventer et qui cherchèrent des siècles ce qu'en un instant tu révèles à l'ignorant qui a foi en toi,

Oh ! comme tout n'est que poussière et vanité en ta main toute-puissante !

Oh ! comme les rois trembleront sur leurs trônes quand il marchera par la terre, l'envoyé du Seigneur, quand, pieds-nus et plus pauvre que le plus pauvre des opprimés, il paraîtra devant leurs armées et triera les bons. Oh ! comme leurs armées se disloqueront, comme les murs de Jéricho et comme leurs lois se montreront impuissantes envers celui qui vient par le chemin détourné, par la volonté de Dieu.

On le persécutera et de chaque inutile persécution sortira un nouvel élan des peuples vers lui, car malheur à l'injuste qui veut se lever contre son Seigneur, il tourne ses armes contre lui-même.

Et tout ceci, le Seigneur l'a prédit par la voix de ses prophètes qui ont écrit dans le Livre : Il ne criera point, il n'aura point égard aux personnes, il ne brisera point le roseau cassé et il n'éteindra pas la mèche qui fume encore, il jugera dans la vérité.

O Seigneur, Seigneur, sois béni, trois fois béni, me voici, celui que tu as promis à ton peuple, et je pleure d'amour pour toi — ce ne serait pas moi ton élu !

Tu es le Seigneur qui m'envoya pour

tirer hors des fers les opprimés. Seigneur, Seigneur, je les mènerai à travers l'océan et à travers le désert et là ils bâtiront une ville et seront heureux en toi.

Que toutes les nations s'amassent et que tous les peuples se rassemblent !

Qui de vous a jamais annoncé ces vérités, qui vous a fait connaître ce qui est arrivé autrefois ?

Qu'ils vérifient par leur science, et ils verront la vérité qu'annonce la bouche de l'ignorant inspiré par le Seigneur.

Et peuvent-ils produire des témoins ?

Et qu'on vérifie les prophéties du Livre et alors on dira : oui tu dis vrai, Messie.

Et n'est-ce pas le Seigneur qui a dit : je ferai des miracles tout nouveaux, ils vont paraître et vous les verrez, je ferai un chemin à travers le désert et je ferai couler des fleuves dans une terre inaccessible. Et est-ce que le chemin n'est pas fait, ô peuples, et est-ce que les fleuves n'attendent pas là-bas avec leurs bords fleuris en la terre d'Afrique ?

Et n'est-ce pas moi Salomon, le Saint d'Israël, votre sauveur qui vous dévoile la face du Seigneur, qui vous a fait connaître son Etre et son unique Volonté et son Éternité.

Allons peuples, venez, me voici le sauveur annoncé, venez que je vous mène en la terre d'Afrique où nous fonderons la ville du Seigneur, la nouvelle Jérusalem.

Et vous marcherez en joie en chantant la gloire du Seigneur qui vous mène hors de la terre d'Égypte.

Et les armées de vos oppresseurs se disloqueront à ma voix et les rois seront épouvantés et viendront saluer la naissance du Messie, de la liberté promise.

Et il ne leur restera que les méchants, et je vous l'ai dit, ils se déchireront entre eux.

Et le prophète l'a dit dans le Livre du Seigneur : ceux qui jusqu'ici interprétaient la loi du Seigneur lui ont désobéi. Et voici l'accomplissement de la parole, car voyez : leur église est tombée dans le néant et les peuples qui avaient cru en elle sont dans le désespoir et l'obscurité.

Le jour que l'église du Seigneur apparaîtra sur la terre sera le jour de joie et de liberté — et c'est aujourd'hui — et nous allons construire le temple du Seigneur.

Car le Seigneur m'a dit : tu me feras un temple comme signe de l'alliance entre toi et moi et tu le bâtiras selon la forme que je t'ai révélée. Il aura six étages carrés qui monteront selon le triangle. Et la pyramide qui s'élèvera comme septième étage, tu la fondras avec tout l'or qui fit la souffrance du monde.

Et le jour que cette pyramide sera achevée, sera pour moi la preuve que l'humanité entière sera entrée en ma ville.

Et tu l'appelleras le temple de la

fécondité, et à son centre on m'offrira les prémisses des vierges et ce sera le sacrifice que je demande à l'humanité.

Voici ce que le Seigneur me dit à moi Salomon qui dois bâtir son temple. Hallel ! Hallel !

Et toi, Babylone, prostituée, sois maudite, tu as opprimé les enfants du Seigneur, tu as mis une statue d'or à la place du Seigneur et tu l'as adorée, tu t'es inclinée devant elle. Et tu as vendu le sacrifice que tu dois au Seigneur pour t'incliner devant l'idole.

Et tu as vécu dans la mollesse et tu pensais que cela pouvait durer !

Mais non non ! c'est fini, c'est fini, voici tes serviteurs qui partent et tu seras dans la honte, et tu devras moudre ton blé toi-même, et tu devras dévoiler ce qui te fait rougir, car les méchants, les riches oppresseurs qui resteront en toi ne pourront se reproduire, car la viduité et la stérilité à la fois s'abattront sur toi par la multitude de tes enchantements.

Et voici, c'est aujourd'hui que cela t'arrive et c'est annoncé par la persécution que vous faites à mes enfants, à mon peuple élu duquel est sorti Salomon, mon Messie, le Saint d'Israël.

Oh, comme il y aura des grincements de dents et des cris de fureur, car ils ne pourront plus moudre leur blé et travailler, et de rage ils se lèveront les uns contre les autres et se déchireront avec les instruments qu'ils avaient inventés pour opprimer les justes.

Ils rougiront de honte les uns devant les autres, et ceux qu'ils voulaient opprimer partiront en chantant un hallel au Seigneur juste qui a envoyé le Sauveur.

Alors leurs palais tomberont en ruines et ils se trouveront seuls avec leur prostitution et ne pourront sacrifier au Seigneur à cause de leur viduité et de leur stérilité.

Ah, alors il y aura des cris d'enfer car ils seront impuissants envers le Sauveur, car il sera venu par un chemin détourné et inattendu et inattaquable et sans violence.

Il n'éteindra pas la vie, car la vie qui est devenue inutile et nuisible s'éteint par elle-même et il est écrit en mon Livre : il n'éteindra pas la mèche qui fume encore.

Mais il vient par un chemin détourné et ouvrira la lampe par en bas et en fera couler toute l'huile qui peut animer le nouveau feu que le Seigneur allume pour le bonheur de ses enfants.

Et voici peuples, je vous le répète : Venez que je vous mène hors de Babylone et Babylone sera abandonnée et là où il y aura des millions d'habitants il n'y en aura que des milliers et ceux-là seront les mauvais qui d'eux-mêmes se seront mis un chiffre sur leur front pour être triés par moi le jour que j'apparaîtrai.

Et ils resteront, car ils ne pourront

quitter le butin qu'ils ont volé sur les autres.

Tout ce que je viens de vous annoncer par la voix du Seigneur arrivera demain et est annoncé dans le Livre par les prophètes.

Il y a dix-neuf siècles que j'apparus pour vous dire de vous préparer, car je viendrai pour vous trier et vous mener dans la ville de Dieu. Et je vois que ma parole s'est accomplie et je vous trouve avec les chiffres sur le front. Et les méchants ont un chiffre d'or. Reconnaissez-moi donc qui suis l'envoyé du Seigneur, son Christ, qui parait pour la seconde fois.

Et tout ce qui arrive et va arriver est inscrit dans le Livre de l'Apocalypse.

Paris.-Imp. Paul Dupont 1463.7.98.

www.ingramcontent.com/pod-product-compliance
Ingram Content Group UK Ltd.
Pitfield, Milton Keynes, MK11 3LW, UK
UKHW020312220726
13923UKWH00003B/1094